Stefanie Thiel

Sicherheitsstandards bei Internettransaktionen

GRIN Verlag

Bibliografische Information der Deutschen Nationalbibliothek:

Die Deutsche Bibliothek verzeichnet diese Publikation in der Deutschen National-
bibliografie; detaillierte bibliografische Daten sind im Internet über http://dnb.d-
nb.de/ abrufbar.

Impressum:

Copyright © 2003 GRIN Verlag GmbH
Druck und Bindung: Books on Demand GmbH, Norderstedt Germany
ISBN: 978-3-656-56130-9

Dieses Buch bei GRIN:

http://www.grin.com/de/e-book/22871/sicherheitsstandards-bei-internettransaktio-
nen

GRIN - Your knowledge has value

Der GRIN Verlag publiziert seit 1998 wissenschaftliche Arbeiten von Studenten, Hochschullehrern und anderen Akademikern als eBook und gedrucktes Buch. Die Verlagswebsite www.grin.com ist die ideale Plattform zur Veröffentlichung von Hausarbeiten, Abschlussarbeiten, wissenschaftlichen Aufsätzen, Dissertationen und Fachbüchern.

Besuchen Sie uns im Internet:

http://www.grin.com/

http://www.facebook.com/grincom

http://www.twitter.com/grin_com

Fachhochschule Westküste

Sicherheitsstandards bei Internettransaktionen

Stefanie Thiel

Dienstleistungsmanagement:
privatwirtschaftliche DL, SP
6. Semester

Inhaltsverzeichnis

Seite

Abkürzungsverzeichnis   4

1 Einleitung und methodischer Aufbau
   1.1 Problemstellung   5
   1.2 Gang der Untersuchung   6
   1.3 Einige ausgewählte Zahlungssysteme   6
      1.3.1 Geldkarte
      1.3.2 eCash
      1.3.2 CyberCoin
      1.3.4 Paybox, SMS-Pay und T-Pay
      1.3.5 Firstgate click & buy und NET900

2 Anforderungen an die Sicherheit
   2.1 Vertraulichkeit   9
   2.2 Integrität   9
   2.3 Originalität   9
   2.4 Verbindlichkeit   9
   2.5 (globale) Verfügbarkeit   10
   2.6 Benutzerfreundlichkeit   10

3 Basisverfahren
   3.1 Kryptographische Verfahren   11
      3.1.1 Symmetrische Verfahren
      3.1.2 Asymmetrische Verfahren
      3.1.3 Hybride Verfahren
   3.2 Digitale Signatur   12
   3.3 Authentisierung mit Zertifikaten   12
   3.4 Biometrische Verfahren   12

4 Sicherheitsvorkehrungen
   4.1 Risiken beim Kundenrechner   13

4.2 Risiken bei der Bank   14

4.3 Risiken beim Übertragungsweg   14

    4.3.1 Secure Socket Layer

    4.3.2 Secure Electronic Transaction

4.4 Softwarelösungen   15

4.5 Hardwarelösungen   16

4.6 wichtige Standards   16

    4.6.1 PIN / TAN

    4.6.2 Homebanking Computer Interface

    4.6.3 Open Financial Exchange

    4.6.4 Finanzmanagementsoftware

5 Schlussbetrachtung   19

Literaturverzeichnis   20

Abkürzungsverzeichnis

DES	Data Encryption Standard
HBCI	Homebanking Computer Interface
HTML	Hypertext Markup Language
HTTP	Hypertext Transfer Protocoll
IDEA	International Data Encryption Algorithm
OFX	Open Financial Exchange
PGP	Pretty Good Privacy
PIN	persönliche Identifikationsnummer
SET	Secure Electronic Transaction
SSL	Secure Socket Layer
TAN	Transaktionsnummer
TLS	Transport Layer Security
ZKA	Zentraler Kreditausschuss

1 Einleitung und methodischer Aufbau der Arbeit

1.1 Problemstellung

Neben den klassischen Zweigstellen und der Möglichkeit, via Telefon und Telefax mit einem Kreditinstitut zu kommunizieren, setzt sich eine neue Variante der Kommunikation zwischen den Kreditinstituten und den Kunden immer mehr durch: das Internet. Dessen geschäftliche Nutzung zeigt beachtliche Wachstumsraten. Immer neue technologische Innovationen eröffnen einen neuen Vertriebskanal.

Statistiken zeigen, dass das Durchschnittsalter des typischen Internet-Nutzers bei 36 Jahren liegt. Rund zwei Drittel haben einen Universitätsabschluss. Sie verfügen über überdurchschnittliche Einkommen oder sind auf dem Weg dorthin. Sie sind innovativ, informiert, selbstbewusst und gegenüber neuen Kommunikationsformen aufgeschlossen. Sie erweisen sich allerdings als überdurchschnittlich preissensibel. Ihre Loyalität gegenüber Kreditinstituten ist eingeschränkt.

Viele Institute nutzen das Internet nicht nur als Präsentationsforum für ihre Produkte und Häuser, sondern bieten ihren Kunden auch die Möglichkeit, Konten online zu führen. Dazu zählen die Abwicklung des Zahlungsverkehrs (Überweisungsaufträge, Kontostandsabfrage etc.), Ausführen von Wertpapier-Order, Konsumentenkredite, teilweise Bereitstellung von Kreditkarten und Baufinanzierung online sowie viele andere. Dabei werden streng vertrauliche Daten über das Internet ausgetauscht. Diese bedürfen einem gesonderten Schutz.

Es gibt vielfältige Möglichkeiten, im Internet oder per Mobiltelefon zu bezahlen. Es gibt verschiedene Wege, diese einzuteilen. Eine Variante besteht in der Einteilung in Micro-, Mini- und Macropayments wobei Micro für Beträge bis fünf Cent und Mini für Beträge bis ungefähr fünf Euro steht. Natürlich gibt es hier verschiedene Ansichten, ab wann ein Zahlungssystem ein Micro-, Mini- oder Macrosystem ist und ob sich ein Microsystem auch für Beträge von z.B. fünf Euro eignet. Eine weitere Variante besteht zwischen guthabenbasierten und Inkassosystemen sowie Pre-Paid, Pay-Now und Pay-Later-Bezahlsystemen. Pre-Paid-Systeme zeichnen sich darin aus, dass sie vorausbezahlt sind, bevor der Kunde damit einkaufen kann. Bei Pay-Now-Systemen wird das Konto des Kunden zum Zeitpunkt des Einkaufs belastet. Bei Pay-Later-Systemen wird der Geldbetrag für den Einkauf erst eine gewisse Zeit nach dem Einkauf fällig.

1.2 Gang der Untersuchung

In den folgenden Kapiteln dieser Arbeit soll mehr auf die Sicherheitsstandards eingegangen werden. Im folgenden Kapitel werden die Anforderungen an die Sicherheit beim Datenaustausch beschrieben. In Kapitel drei werden einige gängige Verfahren der Verschlüsselung von Daten vorgestellt. Eine Auswahl möglicher Risiken und wichtige Standards werden in Kapitel vier erläutert, um darauf folgend die Hausarbeit im fünften Kapitel mit einem Fazit abzuschliessen.

1.3 Einige ausgewählte Zahlungssysteme

Aufgrund der bereits zuvor erwähnten Vielfältigkeit von Zahlungsvarianten im Internet bzw. mit Mobiltelefon soll nachfolgend nur auf einige ausgewählte Bezahlsysteme eingegangen werden.

1.3.1 Geldkarte

Die Geldkarte ist bei den meisten Bankkunden in die normale eurocheque-Karte integriert. Ausserdem sind sie als separate Geldkarten erhältlich. Es sind zwischen 40 und 50 Millionen Geldkarten im Umlauf. Die Geldkarte kann an vielen Geldausgabeautomaten mit elektronischem Guthaben aufgeladen werden. In vielen Städten kann man damit bereits Fahrscheine, Parkgebühren oder andere Dinge des täglichen Bedarfs im „Kleingeldbereich" bezahlen. Die Akzeptanz der Geldkarte ist allerdings nicht sehr gross. Zum Bezahlen im Internet benötigt der Konsument neben der geladenen Karte ebenso ein Kartenlesegerät der Klasse 3, dass am heimischen Computer angeschlossen wird. Die Zahlung erfolgt über eine Secure Socket Layer abgesicherte Verbindung.

1.3.2 eCash

eCash wurde herausgegeben vom 1994 gegründeten Unternehmen DigiCash und ist eine softwarebasierte Form von digitalem Bargeld, sogenannten Tokens. Der Kunde muss zunächst eine elektronische Geldbörse auf seinem Computer installieren und ein Guthaben von seinem regulärem Konto auf sein eCash-Konto transferieren. Das Guthaben wird zu Tokens umgewandelt. Er kann diese nun bei einer Zahlung an den Empfänger schicken. Dieser überprüft anschliessend bei der Ausgabestelle, ob die Tokens echt sind oder schon einmal eingereicht wurden. Jedes Token hat ein eindeutige Seriennummer, die zur Rücklaufkontrolle benötigt wird, dennoch können sie anonymisiert herausgegeben werden. Dieses System, welches inzwischen wegen fehlender Akzeptanz eingestellt wurde, wurde in Deutschland von der Deutschen Bank betrieben. Weitere teilnehmende Banken waren die AdvanceBank, BankAustria, Den Norske Bank, Mark Twain Bank, die schwedische Post und andere.

1.3.3 CyberCoin

Der Kunde kann hier zwischen dem Einsatz einer Kreditkarten-, Bankeinzug- und der vorausbezahlten Zahlungsfunktion wählen. Die Funktionsweise ist ähnlich wie bei den DigiCash-Verfahren. Der Kunde muss ein Guthaben zu Lasten seines Bankkontos auf sein Verrechnungskonto übertragen. Von diesem kann er die Zahlungen senden. Die persönlichen Daten des Konsumenten bleiben dem Händler verborgen. Auch dieses Verfahren wurde mangels Akzeptanz eingestellt.

1.3.4 Paybox, SMS-Pay und T-Pay

Dieses Macropaymentsystem der payment.net AG aus Wiesbaden wickelt die Zahlung über das Mobilfunknetz ab. Der Kunde muss sich einmal anmelden und eine Einzugsermächtigung erteilen. Daraufhin bekommt er eine PIN zugeschickt. Bei einem Kauf gibt er seine Mobiltelefonnummer an, der Händler leitet diese Nummer geschützt an Paybox weiter. Diese rufen den Konsumenten dann an und er bestätigt mit seiner PIN die Transaktion. Das Geld wird eingezogen und an den Händler weitergeleitet. Vorteil dieses Systems ist, dass das Geld auch zwischen Privatleuten transferiert werden kann sobald beide bei Paybox angemeldet sind. Es gibt auch Systeme (SMS-pay, StreetCash), die den Konsumenten nicht anrufen, sondern ihm eine SMS senden und er mit einer weiteren SMS die Transaktion bestätigen muss.

Ähnlich funktioniert auch T-Pay von der Deutschen Telekom. Der Konsument registriert sich und kann zwischen den Zahlungsmethoden per Telekom-Rechnung, per Micromoney, einer Guthabenkarte sowie per Lastschrift oder per Kreditkarte bezahlen.

1.3.5 Firstgate click & buy und NET900

Die Firstgate Internet AG aus Köln hat ein Macropaymentsystem geschaffen, mit dem kostenpflichtig digitale Inhalte aus dem Internet abgerufen werden können. Der Nutzer muss sich einmal kostenlos registrieren. Er erteilt Firstgate eine Einzugsermächtigung oder gibt die Daten seiner Kreditkarte preis. Klickt er anschliessend auf einen kostenpflichtigen Link, muss er sich mit seinem

Benutzernamen und Passwort identifizieren. Erst dann kommt er an die gewünschten Daten. Einmal im Monat werden alle angesammelten Beträge von Firstgate eingezogen.

Net900 ist ein ähnliches System, der Nutzer muss sich hier zwar nicht anmelden, allerdings muss zuerst eine Software installiert werden. Klickt der Surfer auf einen kostenpflichtigen Link, wird die Modemverbindung getrennt und eine neue zum Netz von Net900 aufgebaut. Die Abrechnung erfolgt entweder zeitabhängig oder transaktionsabhängig.

2 Anforderungen an die Sicherheit

Sowohl von Anbieter- als auch von Nutzerseite werden besondere Anforderungen an die Sicherheit des Datenaustausches gestellt. Die sechs wesentlichsten Punkte werden im folgenden erläutert.

2.1 Vertraulichkeit

Nur berechtigte Personen und Programme haben Lesezugriff auf bestimmte Informationen. Zu dieser Art des Zugriffs gehören die Kenntnisnahme des Inhalts, aber auch die Bekanntgabe der Existenz eines Objektes. Als eine spezielle Ausprägung der Vertraulichkeit kann Anonymität gelten. Das bedeutet, dass die Identität einer Person einer anderen in einem bestimmten Zusammenhang verborgen bleibt. Vertraulichkeit ist besonders wichtig, da sich in der Auswertung von Kundenprofilen ein hohes Missbrauchspotential verbirgt.

2.2 Integrität

Integrität bezeichnet die die Eigenschaft eines Systems, nur erlaubte und beabsichtigte Veränderungen an den Informationen zuzulassen. Dazu zählen die Duplikation, Löschung und die Veränderung von Datensätzen. Unbefugte Manipulationen an der Nachricht sollen entdeckt werden können.

2.3 Originalität

Originalität verhindert unbefugte Duplikationen von Informationen. Durch sie wird z.B. sichergestellt, dass Überweisungsnachrichten auf dem Übertragungsweg nicht aufgezeichnet und zu einem späterem Zeitpunkt als Kopie versendet werden können.

2.4 Verbindlichkeit

Durch Verbindlichkeit wird die Nichtabstreitbarkeit von Inhalt und Herkunft garantiert. Hier kann inzwischen durch ein Trust Center ein vertrauenswürdiger, unparteiischer Dritter hinzugezogen werden. Die elektronische Signatur, die in diesem Bereich von grossen Nutzen ist, wurde im Mai 2001 gesetzlich verankert. Inzwischen wird sie akzeptiert und vielfach verwendet.

2.5 Verfügbarkeit

Einem bestimmten Personenkreis, z.B. angemeldete Nutzer oder Inhaber eines Kontos bei einem Kreditinstitut ohne vorherige Anmeldung, sollen die Rechneranlagen des Instituts und die darauf gespeicherten Informationen rund um die Uhr zur Verfügung stehen. Im Idealfall kann der Nutzer von jedem Computer weltweit seine Geschäfte tätigen. Die Ausfallsicherheit sollte so groß wie möglich sein, da kein Nutzer bereit ist, Geld und Zeit durch Server- und Netzwerkabstürze zu investieren.

2.6 Benutzerfreundlichkeit

Jede Applikation muss unkompliziert, ohne großes technisches Verständnis und lange Einarbeitungszeit zu bedienen sein und in einem akzeptablen Zeitrahmen den Wünschen des Kunden gerecht werden. Dazu zählt unter anderem eine gut gesteuerte Menüführung sowie vielfältige Kontaktmöglichkeiten auch bei Problemen z.B. über Telefonhotlines. Weiterhin müssen Aktualisierungen und fortlaufende Weiterentwicklungen über Updates möglich sein.

3 Basisverfahren

3.1 Kryptographische Verfahren

Man unterscheidet bei den kryptographischen Verfahren zwischen drei verschiedenen Methoden: dem symmetrischen, asymmetrischen und dem hybriden Verfahren.

3.1.1 Symmetrische Verfahren

Sie verwenden einen geheimen Schlüssel, der sowohl für die Verschlüsselung als auch für die Entschlüsselung verwendet wird. Schwierigkeiten entstehen bei der sicheren Übermittlung des Schlüssels vom Absender zum Empfänger. Dennoch findet die symmetrische Verschlüsselung ihre Anwendung. Bekannte Verfahren sind Varianten des Data Encryption Standard (DES). Ursprünglich hatte dieser Schlüssel eine Länge von 56 Bit, was aber heute als nicht ausreichend sicher angesehen wird. Es gibt Ideen, die Schlüssellänge unter Beibehaltung des eigentlichen Chiffrieralgorithmus zu vergrößern. Dazu zählt z.B. Triple-DES. Ein weiterer bekannter Verschlüsselungsalgorithmus ist International Data Encryption Algorithm (IDEA), der mit einer Schlüssellänge von 128 Bit zur Zeit als sicher gilt.

3.1.2 Asymmetrische Verfahren

Asymmetrische Verfahren verwenden ein Schlüsselpaar für jeden Kommunikationspartner. Dieses Paar besteht aus einem geheimen und einem öffentlichem Schlüssel. Der öffentliche Schlüssel des Empfängers wird über das Internet verbreitet und zum Verschlüsseln benutzt, der geheime zum Entschlüsseln. Dieses Verfahren ist in der Ausführung deutlich langsamer als symmetrische Verfahren, allerdings können so auch Nachrichten an einen dem Absender nicht persönlich bekannten Empfänger gesendet werden. Das am häufigsten eingesetzte Verfahren ist als RSA bekannt und nach seinen Erfindern Ronald Rivest, Adi Shamir und Leonard Adleman benannt. Mit einer Schlüssellänge von mindestens 1024 Bit gilt dieses Verfahren als sicher, denn es bietet eine hohe Sicherheit der Identifikation gegenüber dem Kommunikations-partner.

3.1.3 Hybride Verfahren

Sie verbinden die Vorteile symmetrischer und asymmetrischer Verschlüsselungs-verfahren. Große Datenmengen werden mit symmetrischen Verfahren verschlüsselt. Der Austausch des hierfür notwendigen gemeinsamen Schlüssels erfolgt mittels asymmetrischer Verfahren. Ein Beispiel für ein hybrides eMail-Verschlüsselungsverfahren ist Pretty Good Privacy (PGP). Das Programm verwendet IDEA zur symmetrischen Verschlüsselung des Textes und das RSA-Verfahren zur asymmetrischen Verschlüsselung des symmetrischen Schlüssels.

3.2 Digitale Signatur

Eine digitale Signatur belegt die Identität des Urhebers und gewährleistet zugleich die Integrität des Dokuments. Digitale Unterschriften sind eine weitere Anwendung der asymmetrischen Verschlüsselung. Die Unterschrift durch den Absender erfolgt hier durch Verschlüsselung einer Nachricht mit seinem privaten Schlüssel. Mit dem öffentlichen Schlüssel des Absenders kann der Empfänger die Nachricht entschlüsseln.

3.3 Authentisierung mit Zertifikaten

Wichtig für Kommunikationsverbindungen ist die Gewissheit, dass die Kommunikation mit dem gewünschtem Partner erfolgt. Ein digitales Zertifikat enthält Angaben über die Identität des Inhabers sowie seinen öffentlichen Schlüssel, die so genannte Authentisierung. Das Zertifikat wird nach einer ausführlichen Prüfung von einer anerkannten Zertifizierungsstelle, einem so genannten Trust Center, durch deren digitale Unterschrift bestätigt. Trust Center werden regelmässig spontan von der Regulierungsbehörde hinsichtlich ihrer Sicherheitstechnik überprüft.

3.4 Biometrische Verfahren

Biometrische Verfahren nutzen als Schlüssel Identifizierungsmerkmale des menschlichen Körpers, z.B. Fingerabdrücke, die Stimme oder die Iris. Der Vorteil dieser Verfahren liegt in der Einmaligkeit des menschlichen Körpers sowie der Unmöglichkeit des Vergessens von Passwörtern oder anderen Codes. Somit gilt dieses Verfahren als fälschungssicher. Der große Nachteil besteht in dem enormen Aufwand der noch sehr teueren Technik. Weiterhin gibt es noch viele Bedenken und Berührungsängste der Menschen bei solchen Systemen. Sicherlich ist diese Methode noch sehr weit zukunftsorientiert und wenig entwickelt für die

Verwendung im breiten Verkehr, findet dennoch jetzt schon in Hochsicherheits-
laboren Anwendung.

4 Sicherheitsvorkehrungen beim Datenaustausch

Bei nahezu allen Vorgängen werden zwischen Kunde und Institut streng vertrauliche Daten ausgetauscht. Um Missbrauch, Einsicht oder sogar Änderungen durch Dritte zu verhindern, müssen hohe Sicherheitsverkehrungen von beiden Seiten getroffen werden. Das Internet erlaubt Angriffe ohne örtliche Präsenz und Kenntnisse der lokalen Verhältnisse. Angreifer benötigen nur Computerhardware sowie Software- und Programmierkenntnisse.

4.1 Risiken beim Kunderechner

Der Computer des Kunden stellt unter Sicherheitsaspekten eine besondere Schwachstelle des Gesamtsystems dar, da jeder Kunde ein anders konfiguriertes System besitzt. Hinzu kommt, dass in den verbreiteten Versionen von PC-Betriebssystemen elementare Sicherheitsmechanismen fehlen. Um Internettransaktionen ausführen zu können, muss der Kunde auf seinem Rechner eine Anwendung zur Verfügung stehen haben, die ihm die dafür nötige Funktionalität bietet. Für einen sicheren Austausch ist es erforderlich, die zu übertragenden Daten mit einem leistungsfähigem Verschlüsselungsverfahren zu codieren. Weiterhin besteht ein hohes Risiko durch die Verbindung zum Internet: der Kundenrechner steht nicht nur mit der Bank in Verbindung. So besteht die Gefahr, dass unbeabsichtigt Programme zur Ausführung kommen, welche die Bankapplikation auf dem Kundenrechner angreifen. Ein Risiko kann auch sein, dass es ein Angreifer schafft, eine Originalanwendung durch ein trojanisches Pferd, d.h. ein Programm, das unerwünschte Zusatzfunktionen ausführt, zu ersetzen. Mit dem Browser werden Daten aus dem Internet auf den eigenen Rechner übertragen und dort weiterverarbeitet. Für den Kunden können verschiedene Arten von Dateien gefährlich sein:

? Programme, deren Ausführung eine Gefahr darstellen kann, besonders wenn sie aus nicht vertrauenswürdiger Quelle kommen,

? HTML- Dokumente, die aktive Komponenten in Form von JAVA-Applets oder ACTIVEX-Steuerelementen enthalten (Diese können von den gängigen Browsertypen gesperrt werden.),

? Dateien, die bei bestimmten Optionseinstellungen des Kundenbrowsers dazu führen können, dass automatisch das dazugehörige Anwendungsprogramm geöffnet und mit der Datei verbundene Aktionen ausgeführt werden (z.B. Word-Makros).

4.2 Risiken bei der Bank

Zu den Risiken zählt auf Bankenseite die Einrichtung einer mehrstufigen Firewall. Sie schützt vor unbefugten Zugriffen auf das interne Netzwerk der Bank. Somit soll dem Kunden der Schutz seiner Daten gewährleistet werden. Weiterhin ist ein Webserver von hoher Bedeutung. Er schützt vor unerwünschtem http-Mail-Verkehr. Zusätzlich sollten regelmäßige Audit Logs erfolgen. Logfiles sammeln Informationen über verschiedene Systemereignisse. Durch Auswertung dieser Logfiles lassen sich Art und Ausmaß von Angriffen erkennen, der Angreifer unter Umständen zurückverfolgen und Sicherheitslücken aufspüren. Für die Kommunikation nach außen ist es sinnvoll, ein Institut von einer unabhängigen Instanz bezüglich des erreichten Sicherheitsstandards zertifizieren zu lassen. So kann ein Standard kommuniziert werden, ohne dass der Kunde ein vertieftes, technisches Verständnis benötigt.

4.3 Risiken beim Übertragungsweg

Neben dem Rechner des Kunden ist auch der Übertragungsweg zwischen Bank und Kunde ein möglicher Angriffspunkt. Grundsätzlich ist das Abhören auf jedem Rechner, durch den die Verbindung führt, möglich. Dabei kann die Vertraulichkeit, die Integrität und die Verfügbarkeit der Daten beeinträchtigt werden. Die wohl bekannteste Möglichkeit des Schutzes bei der Übertragung bietet Secure Socket Layer. Alternativen dazu sind Secure Electronic Transaktion (SET), Secure-HTTP oder Transport Layer Security (TLS). Auf die beiden Erstgenannten soll hier näher eingegangen werden.

4.3.1 Secure Socket Layer (SSL)

Das Secure Socket Layer-Protokoll stellt einen sicheren Kanal oberhalb der Transportebene dar und verschlüsselt den Datenstrom zwischen Server und Browser. Im Protokoll muss sich bei Beginn einer Kommunikation der Webserver des Kreditinstituts mit einem digitalem Zertifikat ausweisen. Auch eine Authentisierung des Kunden über ein Zertifikat ist möglich. Dafür wurden in der Vergangenheit andere Mechanismen wie z.B. das PIN/TAN-Verfahren eingesetzt. Alle Nachrichten werden mit einem hybriden Verfahren verschlüsselt. Heute unterstützen praktisch alle eingesetzten Webserver SSL, so dass z.B. Kreditkarteninformationen sicher übertragen werden können. Durch US-Exportbeschränkungen waren SSL-fähige Produkte bis 1997 auf eine

Schlüssellänge von 40 Bit beschränkt. Für Bankanwendungen ist inzwischen ein Schlüssellänge von 128 Bit zugelassen.

4.3.2 Secure Electronic Transaction (SET)

SET ist ein offener Industriestandard, der von einem Konsortium, bei dem IBM, RSA Data Security, Microsoft, Netscape, MasterCard und Visa beteiligt waren, entwickelt wurde. Er basiert auf der Verwendung digitaler Zertifikate. Im Gegensatz zu SSL, das nur das Abfangen von Kreditkarteninformation verhindert, kann SET beteiligte Kreditkarteninhaber, Händler und Banken überprüfen. Es ermöglicht z.B. die Überprüfung der Gültigkeit und des Auslaufdatums der Karte. Weiterhin ist es in der Lage, zu verhindern, dass gestohlene Karten benutzt werden oder dass sich jemand als Händler ausgibt, um Kreditkarteninformationen zu erhalten. Zusätzlich bietet es die Möglichkeit, die Daten über den Auftrag und jene über die Kreditkarte separat zu verschlüsseln, was die Sicherheit enorm erhöht. SET ist also dem etwas älteren SSL-System überlegen, findet dennoch nicht die breite Anwendung. Forscher sagen SET aus Kosten- und Komplexitätsgründen keine problemlose Zukunft im Vergleich zum SSL-Verfahren voraus.

4.4 Softwarelösungen

Auch hier gibt es verschiedene Varianten.

? Zum einen kann der Kunde auf seinem Rechner ein eigenständiges Softwarepaket installieren. Alle Sicherheitsfunktionen müssen dann in dieses Paket integriert werden. Ein Beispiel ist MeWALLET, welches z.B. von der Sparda-Bank Hamburg eingesetzt wird.

? Zum anderen kann die Abwicklung des Online-Banking komplett über HTML-Formulare auf dem Server der Bank erfolgen. Der Kunde muss keine bankspezifische Software installieren. Als Nachteil ist hier zu nennen, dass lediglich die Sicherheitsmechanismen des Browsers zur Verfügung stehen. HTML-Formulare mit einer Verschlüsselung, die ausschliesslich auf SSL mit 40 Bit beruht, verwenden z.B. die Dresdner Bank Investmentgruppe und einige Sparkassen.

? Weiterhin besteht die Möglichkeit sogenannte Plug-Ins zu installieren. Diese Zusatzsoftware erhöht die Funktionalität des Kundenbrowsers. Ein Beispiel ist das A&O Plug-In der Allgemeinen Deutschen Direktbank. Die Kommunikation des Plug-In erfolgt mit einem speziellen Internet-Banking Server, der vom

Webserver der Bank getrennt ist. Die Identifikation erfolgt mittels digitaler Signaturen nach dem RSA-Verfahren mit einer Schlüssellänge von 786 Bit. Die Vertraulichkeit und Integrität wird durch Anwendung der 2-Schlüssel-Triple-DES-Verschlüsselung erreicht.

? Die Ausführung kann durch das implizite Laden eines ausführbaren Programms z.B. JAVA-Applets oder ActiveX-Steuerelemente über das Internet erfolgen. Wichtig ist hierbei die Übertragung der Programme über einen sicheren Kanal sowie die digitale Signierung der Programme, um ihre Herkunft eindeutig feststellen zu können. Gegenüber einer Festinstallation ist hier von Vorteil, dass die Bank eine Modifikation der Software vornehmen kann. Eine Neuinstallation auf dem Kundenrechner entfällt . Der Kunde kann somit sicher von beliebigen Rechnern seine Bankgeschäfte erledigen. Eine verbreitete JAVA-Lösung ist das X-PRESSO-System der Firma BROKAT. Dies findet unter anderem bei der Deutschen Bank 24 Anwendung. Die X-PRESSO-Applets werden über einen SSL-verschlüsselten Kanal zwischen Bankrechner und Internet-Browser zum Anwender übertragen. Es werden dabei RSA-1024-Bit und IDEA-128-Bit-Algorithmen verwendet. Virenangriffe auf die Applets werden erschwert, indem der Programm-Code dynamisch variiert wird, so dass sich für einen potentiellen Angreifer kein erkennbares Muster ergibt.

4.5 Hardwarelösungen

Hardwarelösungen dienen insbesondere dazu, den geheimen Schlüssel vor unberechtigtem Zugriff zu schützen. Eine Lösung besteht in der Speicherung auf einem externen Medium. Dies kann auf Festplatte oder Diskette erfolgen, aber auch auf Chipkarten. Man unterscheidet zwischen intelligenten Speicherkarten und Prozessorchipkarten. Die intelligenten Karten speichern den geheimen Schlüssel. Prozessorchipkarten, die auch Smartcards genannt werden, sind selbst in der Lage, kryptographische Algorithmen auf der Karte durchzuführen. Auf diese Weise muss der geheime Schlüssel die Karte nicht verlassen. Einige Karten sind zusätzlich in der Lage, selbst Schlüssel bzw. Schlüsselpaare zu generieren. Um solche Karten anzuwenden, benötigt der Kunde teils noch teure, nicht sehr stark entwickelte Zusatzhardware wie z.B. Kartenlesegeräte.

4.6 Wichtige Standards

Die bis heute eingesetzten Lösungen sind herstellerspezifisch. Es sind eine Reihe von Initiativen seitens der Banken, Softwarehersteller und anderen interessierten Unternehmen gestartet worden, allerdings haben sich noch keine Standards etabliert, die nationale oder sogar internationale Verbreitung gefunden haben. Mittelfristig können sich die Kreditinstitute sicher darauf beschränken, ihren Kunden eine verbreitete Schnittstelle zur Verfügung zu stellen, die mit geeigneter Software Zugang zu den Dienstleistungen bietet.

4.6.1 PIN / TAN

Die persönliche Identifikationsnummer (PIN) ermöglicht dem Benutzer den Zugang zu seinem Konto. Der Nutzer ist nach Eingabe einer Transaktionsnummer (TAN) berechtigt eine geldwerte Transaktion zu unternehmen. Jede TAN darf nur ein einziges Mal benutzt werden. Unmittelbar danach wird die TAN ungültig und ein Missbrauch macht keinen Sinn, da dieser sofort bemerkt werden würde.

4.6.2 Homebanking Computer Interface (HBCI)

Dieser Standard für eine multibankfähige Kommunikationsschnittstelle für Transaktionsdienstleistungen wurde vom Zentralen Kreditausschuss (ZKA) geschaffen. HBCI definiert unter anderem eine Reihe von Sicherheitsmechanismen. Dazu zählen der Einsatz von Triple-DES und RSA mit einer Schlüssellänge von 768 Bit sowie Verwendung der digitalen Signatur anstatt des vorherrschenden PIN/TAN-Verfahrens. Wenn symmetrische Verfahren zum Einsatz kommen, fordert der ZKA eine Prozessorchipkarte mit kryptographischen Funktionen als Speichermedium des geheimen Schlüssels. Dazu benötigt der Benutzer ein teures Kartenlesegerät der Klasse 3 mit eigenem Display und eigener Tastatur. Bei asymmetrischen Verfahren ist die Speicherung des Schlüssels auf Diskette oder Festplatte zugelassen. Der Kunde muss seinen öffentlichen Schlüssel mit einer Unterschrift auf Papier bestätigen. Bisher fehlt für HBCI eine internationale Ausrichtung, dennoch gilt es als sicherer als das weit verbreitete und viel benutzte PIN/TAN-Verfahren. Erst eine internationale Ausrichtung würde den Standard erfolgreich im Internet durchsetzen.

4.6.3 Open Financial Exchange (OFX)

OFX ist ein Transaktionsprotokoll, welches aus herstellerspezifischen Protokollen u.a. von Microsoft und Intuit entstanden ist. Zuerst muss sich dabei der Server durch digitale Zertifikate identifizieren. Anschliessend erfolgt eine Authentisierung der Kundenseite durch z.B. Benutzername und Passwort. Die Sicherheit erfolgt auf zwei Ebenen. Auf Kanalebene wird das SSL-Protokoll verwendet. Eine Verschlüsselung auf Anwendungsebene ist über RSA mit 1024 Bit zusätzlich möglich. Auch hier ist die internationale Anwendbarkeit ein bedeutsamer Erfolgsfaktor.

4.6.4 Finanzmanagementsoftware

Diese kann bisher ebenfalls wegen fehlender Sicherheitsmechanismen nicht auf breiter Ebene genutzt werden. Beispiele hierfür sind Microsoft Money und Quicken von Intuit. Bei dem Einsatz dieser Pakete werden die meisten Daten auf dem Rechner des Kunden behalten. Es muss dafür gesorgt werden, dass dabei keine Manipulation dieser Daten möglich ist. Durch Browsereinstellungen auf dem Kundenrechner wie ausgeschaltete manuelle Passworteingabe können einige Mechanismen verhindern, dass z.B. durch ein geladenes ActiveX-Element eine ungewollte Überweisung eingestellt und bei der nächsten Sammelüberweisung vom Kunden selbst mit ausgeführt wird.

5 Schlussbetrachtung

In der vorliegenden Arbeit wurden einige verschiedene Sicherheitsaspekte vorgestellt und erläutert. Als Ergebnis bleibt festzuhalten, dass Internettransaktionen mit einer vergleichbaren Sicherheit wie reale Transaktionen möglich sind. Sowohl auf Netzwerkebene als auch auf Anwendungsebene stehen geeignete Sicherheitsmechanismen zur Verfügung. Das schwächste Glied in der Kette ist der Kundenrechner.

Der Übertragungsweg ist durch die SSL-Verschlüsselung angemessen geschützt, auch wenn übermittelte Informationen durch umfangreiche Rechnerverbünde nach angemessener Zeit entschlüsselt werden können.

HBCI bietet mit seiner Multibankenfähigkeit einen besseren Standard mit einer höheren Sicherheit als SSL. Dieser muss sich allerdings noch durchsetzen. Den Vorteil der Marktdurchdringung kann SSL zur Zeit für sich verbuchen.

Auf Anwendungsebene biete JAVA eine günstige Lösung, da der Kunde keine Software installieren muss. Ein angemessenes Sicherheitsniveau auf Bankenseite ist durch entsprechende Massnahmen erreichbar. Hierzu gehört die genaue Definition der Sicherheitspolitik. Die eigentlichen Risiken liegen nicht in den technischen Unzulänglichkeiten sondern in hohem Maße in einem oftmals fahrlässigen Verhalten der Anwender.

Kleinere Kundentransaktionen rechtfertigen den relativ hohen Aufwand, den ein Angriff benötigt, nur selten. Eine wesentlich grössere Bedrohung stellen vertrauliche Informationen von Kreditinstituten dar, wenn sie Wettbewerbern zugespielt werden. Sicherheit wird daher auch in Zukunft ein Thema sein, mit dem sich die gesamte Branche aber auch ein Anwender, wenn er seine Daten richtig schützen will, ständig auseinandersetzen muss.

Literaturverzeichnis

Bücher und Broschüren

Burkhardt, T., Lohmann, K. (1998), Banking und Electronic Commerce im Internet, Berlin Verlag A. Spitz, Berlin

Lepschies, G. (2000), E-Commerce und Hackerschutz, Fr. Vieweg & Sohn Verlagsgesellschaft mbH, Braunschweig / Wiesbaden

Lange, T. A. (1998), Internet Banking – Der Bankvertrieb im Umbruch, Gabler Verlag, Wiesbaden

Statna, D., Steinringer, C.J. (2002), Universität Wien, Elektronischer Zahlungsverkehr

Bundesministerium für Wirtschaft und Technologie – Broschüre „elektronischer Geschäftsverkehr" (2000)

e-f@cts – Informationen zum E-Business, Bundesministerium für Wirtschaft und Technologie, ausgewählte Ausgaben von 01/2000 – 12/2002

Bundesverband deutscher Banken, Reihe Daten, Fakten, Argumente
- E-Commerce als Bankdienstleistung, (2001) Berlin
- Die Karte mit Chip, (2002) Berlin

Internetquellen

http://www.bsi.de – Bundesministerium für Sicherheit in der Informationstechnik, Abruf: 31.03.2003

http://www.sicherheit-im-internet.de – Bundesministerium für Sicherheit in der Informationstechnik – Homebanking, Internetbanking, Abruf: 31.03.2003

http://www.iww.uni-karlsruhe.de – Zahlungsmittel im Internet, Abruf: 04.04.2003

http://www.t-pay.de – Informationen über T-Pay, Abruf: 01.04.2003

http://www.sichere-internetwirtschaft.de – Partnerschaft des Bundesministeriums für Wirtschaft und Technologie, Abruf: 09.04.2003